KREUZWEG

MIT

MARIA

Cristina Falk

Die Stationen dieses Kreuzweges sind entnommen aus dem Buch: „Ich bin die Magd des Herrn" von Cristina Falk. ISBN: 978-3-7322-4484-3

Foto: Co) Cristina Falk
2.. Auflage 2014

Herstellung und Verlag:
BoD - Books on Demand, Norderstedt
ISBN 978-3-7322-4062-3

KREUZWEG MIT MARIA

V.- Herr Jesus Christus wir sind gekommen, um mit Maria, Deinem Kreuzweg zu folgen. Dankbar wollen wir Deinen und ihren Schmerz betrachten, mit dem Du und auch sie, für uns Sünder gesühnt habt.

A: Heiliger Gott! Heiliger starker Gott! Heiliger unsterblicher Gott! Erbarme Dich unser!

Lied. Gotteslob 584

1.STATION .- JESUS WIRD ZUM TODE VERURTEILT

V: *Herr Jesus Christus, Wir preisen Dich und loben Dich,*
A: Denn Durch Dein heiliges Kreuz hast Du die Welt erlöst.

Lektor: Das Urteil wurde verkündet. Ein Schild mit der Inschrift INRI (Jesus der Nazaräer König der Juden) wurde unter Protesten einigen Schriftgelehrten vorne getragen, nachdem Pilatus gesagt hatte: „Was ich geschrieben habe, habe ich geschrieben „

Ja, dachte ich, also Du bist wahrlich König und als König wirst Du zum Tode verurteilt.

Ein Geschmack bitterer als Galle, füllte meinen Mund. Meine Augen waren trüb von Tränen, ich zitterte am ganzen Körper. Meine Schultern hatten sich gesenkt, als unter einer schweren Last.

V: Wir denken an allen unschuldigen Verurteilten, an allen, die aus Hass verfolgt und vor einen Gericht gestellt werden. An allen verfolgten Christen in der Welt.

V: Herr, Wir bitten Dich.
A: Erbarme Dich über uns und unsere Welt.

2. STATION:- JESUS NIMMT SEIN KREUZ AUF SEINE SCHULTERN

V: Herr Jesus Christus, Wir preisen Dich und loben Dich,
A: Denn Durch Dein heiliges Kreuz hast Du die Welt erlöst.

Lektor*:* In diesem Augenblick sah ich Ihn sein Kreuz nehmen, wie in einer Umarmung, und wie er sich in Bewegung setzte. Jesus war nicht der einzige Gefangene. Zwei bekannte Straßenräuber, die schon lange im Gefängnis gesessen hatten, wurden auch zum Tode durch Kreuzigung verurteilt. Die zwei Männer trugen ihre Kreuze mit relativer Leichtigkeit. Sie hatten die Nacht geschlafen, etwas gegessen und waren ausgeruht.

Aber Jesus war am Ende seiner Kraft. Man hatte ihn die ganze Nacht verhört, er wurde von seinen Jüngern verraten, man hatte ihn gegeißelt, nochmals verhört, mit Dornen gekrönt, verhöhnt...und jetzt konnte er nicht mehr.

Die Dornenkrone hatte sein Haupt ganz durchbohrt. Sie saß fest bis zu den Augenbrauen über die Ohren und die Dornenzweige trafen sich gebunden am Hinterkopf. Man hatte die Dornenzweige so fest geflochten, dass sie in einer ziemlichen Breite fast keine Lücke ohne Dornen gelassen hatten. Sein Blut rann in kleinen Bächen aus allen Seiten des Kopfes heraus und bedeckte Augen, Nase, Ohren, Haare und Hals.

Es war ein Blick des Jammers. Ich konnte es kaum ertragen, trotzdem blieben meine Augen fest an seiner Gestalt schauend. Ich wollte jeder einzelnen seiner Dornen zählen, um sie auch bei mir im Geiste zu spüren. Wenn ich Ihn nur einige Dornen herausziehen könnte, dachte ich voller Schmerz.

V: Wir denken an alle Kranken, an alle die Schmerzen erleiden müssen. Gib Du ihnen die Kraft diese Schmerzen anzunehmen, so wie Du Deinen Dornenkranz angenommen hast.

V: *Herr Jesus Christus wir bitten Dich.*

A: *Erbarme Dich über uns und über die ganze Welt.*

3.STATION: JESUS FÄLLT ZUM ERSTEN MAL UNTER DEM KREUZ

V: Herr Jesus Christus, wir preisen Dich und loben Dich.
A: Denn Durch Dein heiliges Kreuz hast Du die Welt erlöst.

Lektor: Eine Frau aus der Menge schrie: „Der Gefangener ist hingefallen!"

Maria von Magdala flüsterte: „Jesus ist gefallen!"

Die Menge schrie. Wir konnten nichts sehen. Einige liefen schnell, wieder andere schrieen entsetzt, andere lachten höhnisch voll Vergnügen.. Von weitem sahen wir, wie Jesus, mit dem Gesicht voll Staub und Schmutz sich langsam erhob und sein Kreuz wieder umarmte. Der Zug setzt sich wieder in Bewegung.

V: Wir denken an alle, die auf dem Weg des Lebens ausfallen. Aus Sucht, Misserfolg, eigener Schuld, familiären Verhältnisse. Lass sie Kraft finden, damit sie den Weg weiter gehen, auch wenn er schwierig sein wird.
V: Herr Jesus Christus wir bitten Dich.
A: Erbarme Dich über uns und über die ganze Welt.

9

4. STATION: JESUS BEGEGNET SEINER MUTTER:

V: Herr Jesus Christus, wir preisen Dich und loben Dich.
A: Denn Durch Dein heiliges Kreuz hast Du die Welt erlöst.

Lektor: In diesem Augenblick schaute er mich voller Schmerz und Liebe an. Sein Mund wollte mich noch mit einem Lächeln begrüßen. Ich war auf einmal so nah bei Ihm! Es war ein ganz kurzer Moment, aber unsere Augen sprachen von der unendlichen göttlichen Liebe, die uns verband, und damit gab Er mir Hoffnung und Kraft.

Meine Beine hörten auf zu zittern. Ich war jetzt in der Lage, Ihm auf diesem Kreuzweg zu folgen, um bei Ihm zu sein.

Mein Herz klopfte wie wild. In diesem Augenblick spürte ich die Hand von Maria von Magdala, die mich festhielt und besorgt ansah. Ich sagte nur: „Es geht mir gut Maria. Komm, beeilen wir uns, wir müssen Ihm folgen."

V: Wir denken an den Schmerz aller Mütter, die ein schwer verletztes Kind erleben müssen, die unter Folgen von Verkehrs Unfälle, oder Verbrechen leiden.

V: Herr Jesus Christus wir bitten Dich.
A: Erbarme Dich über uns und über die ganze Welt.

5. STATION.- SIMON VON CYRENE

HILFT JESUS DAS KREUZ TRAGEN:

*V:. Herr Jesus Christus, wir preisen Dich
und loben Dich.
A: Denn Durch Dein heiliges Kreuz hast
Du die Welt erlöst.*

Lektor: Wir gingen weiter. Die Straßen von Jerusalem waren damals eng und steil. Manche waren von den Römern mit großen Steinen gepflastert, andere waren noch voller Unrat und beim Regen verwandelten sich in kleinen Bächen, die Schlammspuren hinterließen. Auf so einer Straße ging unser Weg hinauf.

Mein Gott, dachte ich, was würde ich jetzt geben, um Ihn Erleichterung zu verschaffen.. Wenn ich sein Kreuz mittragen könnte, dachte ich.

In dem Augenblick sahen wir, wie die Soldaten, einen großen Mann, der unter der Menge war, ansprachen. Sie hatten ihn was gefragt. Wir sahen seine Reaktion. Nein, das wollte er nicht. Er war ein großer, gut gewachsener Mann. Vom Beruf Bauer, und er war gerade vom Feld gekommen. Durch seine Größe stach er aus der Menge heraus. Deshalb wurde er angesprochen und wahrscheinlich gezwungen.

Wir sahen nur wie er kam und Jesus sein Kreuz abnahm. Jesus konnte ihm erleichtert folgen.

„Wer ist das?" fragte ich Maria. Aber sie kannte den Mann auch nicht. „Das ist Simon von Cyrene", sagte ein Mann, der neben mir stand. „Ein guter Nachbar von mir", sagte er noch.

Simon von Cyrene, wiederholte ich langsam. Deinen Name werde ich niemals vergessen. Diese Tat werden alle zukünftigen Generationen im Gedächtnis aufbewahren. Wie dankbar war ich auch diesem Mann. Es war als ob unser himmlischer Vater meinen Gedanken und Bitten Gehör gegeben hätte.

V: Herr; wir denken mit Dankbarkeit an allen Helfern, die Du auf unserem Weg des Lebens bereit bestellst hast, um uns zu helfen.
Unsere Eltern, Priester, Geschwister, Freunde, Nachbarn, Lehrer, Ärzte und noch viele mehr.

V: Herr Jesus Christus wir bitten Dich.
A: Erbarme Dich über uns und über die ganze Welt.

6.STATION. VERONIKA REICHT JESUS DAS SCHWEISSTUCH.

V: Herr Jesus Christus, wir preisen Dich und loben Dich.
A: Denn Durch Dein heiliges Kreuz hast Du die Welt erlöst.

Lektor: Ich sah seine Gestalt, und dachte nur an die Möglichkeit, Ihn ein bisschen Erfrischung oder Erleichterung zu verschaffen. Wenn ich etwas hätte, wie ein Tuch oder etwas Wasser, dachte ich. Aber ich hatte an so etwas nicht daran gedacht. Ich, seine Mutter, konnte gar nichts für Ihn tun. Der Gedanke war für mich unerträglich. Auf einmal sah ich von weitem, wie eine mutige Frau sich einen Weg zwischen den Zuschauern bahnte und auf einer Höhe auf Ihn wartete.

„Das ist Veronika!", sagte mir Maria von Magdala. „Wie ich sie kenne, hat sie etwas vor". Und tatsächlich. Diese mutige Frau hatte in ihren Händen, das, was ich gerne auch gehabt hätte. Sie hatte ein Tuch in ihren Händen und wartete, dass Jesus an ihrer Höhe kam. Er hielt inne und sie kam zu ihm, beugte sich zu ihm, wie eine

Mutter zu ihrem Kind und wischte voller Liebe und Erbarmen sein geschundenes Gesicht. Blut, Staub und Dreck verschwanden aus seinem Gesicht. Er konnte wieder sehen, und Er strahlte für einen Augenblick als wäre Er von Innen geleuchtet. Das Gesicht Jesu war wie ein offenes Buch. Seine Augen erzählten, dass Liebe, Dankbarkeit und Barmherzigkeit immer Frucht bringen und zwar das hundertfacher. Sie trat zurück zu ihrem Platz, von den Soldaten gedrängt. Aber sie tat es ohne Eile und mit großer Würde. Diese Frau war durch nichts zu erschüttern. Sie hatte das Wischtuch mit beiden Händen fest an ihrer Brust geklammert. Plötzlich schrie eine Frau: „Schau her das Tuch!"

Veronika faltete ihr Tuch auseinander und wir sahen es: Statt Blutspuren, Dreck und Schweiß, das Tuch hatte das Antlitz meines Sohnes festgehalten!

Sie fing zu weinen an, und presste das Tuch noch fester an ihre Brust. Maria von Magdala und ich hatten das Geschehen auch gesehen und ich dachte: „Der Vater im Himmel lässt uns jetzt nicht allein!"

V: Herr, wir wollen Dir danken für alle Lichtgestalten in unserer Welt, die mit ihren Werken der Barmherzigkeit uns Dein Gesicht sehen lassen. Wir denken an Mutter Teresa, an

Papst Johannes Paul II, an Frere Roger und an so viele andere.

V: Herr Jesus Christus wir bitten Dich.
A: Erbarme Dich über uns und über die ganze Welt.

7. STATION.- JESUS FÄLLT ZUM ZWEITEN MAL UNTER DEM KREUZ:

V: Herr Jesus Christus, wir preisen Dich und loben Dich.
A: Denn Durch Dein heiliges Kreuz hast Du die Welt erlöst.

Lektor: Wir gingen weiter. Richtung Golgatha. Noch einmal hörten wir den Dumpfen Schlag, gefolgt von Schreien, Lachen, Höhnen…Jesus war wieder mal gefallen. Diesmal war die Last so schwer, die Straße so steil, seine Kräfte so verbraucht. Er konnte nicht mehr. Nie zuvor war mir ein Weg so lang erschienen, wie dieser Weg hier, hinter dem Kreuz meines Sohnes. Wie oft bin ich in meinem Leben gewandert? Entfernungen, die viel länger waren als diese hier. Aber noch nie hatte ich jeden Stein, jedes Loch, jede Unebene so gespürt wie hier. Ich war am Ende. Mein Herz wollte in meiner Brust zerspringen. Ich konnte ihm nicht helfen. Was für ein Horror. Wenn ich sein Kreuz mittragen könnte, dachte ich.

V: Herr, wir können manchmal nur dastehen und sehen, wie andere ein ganz schweres Kreuz tragen müssen und wir können nichts machen!

Doch wir können immer zum Vater beten, und so im Gebet uns gegenseitig unsere Kreuze zu tragen helfen.

V: Herr Jesus Christus wir bitten Dich.
A: Erbarme Dich über uns und über die ganze Welt.

8.- STATION.- JESUS BEGEGNET DEN WEINENDEN FRAUEN

V: Herr Jesus Christus, wir preisen Dich und loben Dich.
A: Denn Durch Dein heiliges Kreuz hast Du die Welt erlöst.

Lektor: Wir sahen sie von weitem. Es war eine Gruppe junger Mütter, die auch am Sonntag den Zug von uns Pilgern in Jerusalem mit Hosianna Rufen empfangen hatte. Jetzt waren sie sehr betrübt und weinten laut unter ihren Schleiern. Jesus hielt inne und sagte: „Weinet nicht für mich, weinet für euch und eure Kinder". Sie hörten auf zu weinen und waren erstaunt. Wieso? Ihnen war nichts passiert. Aber dieser Mann der Schmerzen sagte Ihnen sie sollten für ihre Kinder weinen, war das eine Prophezeiung? Sie schauten Ihn nach und langsam, in aller Stille, gingen sie auseinander.

V: Jesus spricht nur zu diesen Frauen auf seinem Kreuzweg. Er sieht das Schicksal seines Volkes und hat Mitleid mit den zukünftigen Generationen. Er warnt, aber wird er gehört? Heute noch?

V: *Herr Jesus Christus wir bitten Dich.*
A: *Erbarme Dich über uns und über die ganze Welt.*

8. STATION:- JESUS FÄLLT ZUM DRITTEN MAL UNTER DEM KREUZ:

V: Herr Jesus Christus, wir preisen Dich und loben Dich.
A: Denn Durch Dein heiliges Kreuz hast Du die Welt erlöst.

Lektor: Ich war am Ende.

Aber noch einmal erschraken wir alle, als Jesus, mein Sohn, noch einmal stolperte und auf dem Boden ausgestreckt fiel. Er blieb liegen bis ein Peitscheschlag ihm wieder auf die Beine brachte. Mir fielen die Worte des Psalmisten ein. „Wie ein Wurm", so sehr hatte sich der Sohn Gottes erniedrigt.

Ich dachte an die Worte, die ich als junges Mädchen dem Engel Gabriel gesagt hatte: „Ich bin die Magd des Herrn, mir geschehe nach Deinem Wort".

„Ja, Herr - betete ich - Ich bin Deine Magd. Nimm meinen Schmerz. So viel wie Du willst. Aber verschone Ihn".

Nun, ich wusste, dass ich diesmal nichts mehr für Ihn tun konnte.

*V: Herr Jesus Christus. Drei mal bist Du
gefallen. So wie Maria, beten wir und schweigen.*

*V Herr Jesus Christus wir bitten Dich.
A: Erbarme Dich über uns und über die ganze
Welt.*

10. STATION.- JESUS WIRD SEINEN KLEIDER BERAUBT.

V: Herr Jesus Christus, wir preisen Dich und loben Dich.
A: Denn Durch Dein heiliges Kreuz hast Du die Welt erlöst.

Lektor: An einer Stelle, stritten einige Soldaten um seine Kleider. Ich hörte wie sie vor allem, um sein Untergewand diskutierten. „Wir wollen es nicht zerteilen, sondern darum losen, wem es gehören soll".

Als ich das hörte, trübten sich meine Augen erneut mit Tränen. Wie viele Erinnerungen, wie viele schöne Stunden hatte ich an und mit diesem Gewand verbracht. Ich hatte den Flachs gesät, ich hatte ihn gegossen und geerntet, hatte nur die besten Zweige verwendet, getrocknet, gesponnen, gewebt und genäht. Er hatte dieses Gewand so gerne getragen und ich hatte es unzählige Male mit Wasser aus unserem Brunnen gewaschen, auf unserer kleinen Wiese, hinter dem Haus, auf der so vielen duftenden Kräuter hatte, zum trocknen gelegt, so dass es immer nach Rosmarin und Zitronenmelisse roch.

Und jetzt hatte man ihm seine Kleider geraubt.

V: Entblößt, preisgegeben, seine Würde geraubt...ich denke an so vielen Gefangenen in den Konzentrationslagern des vorigen Jahrhundert. Auf der anderen Seite, wie viel Sex und Geschäft wird gerade ohne Kleider gemacht.

V: Herr Jesus Christus wir bitten Dich.
A: Erbarme Dich über uns und über die ganze Welt.

11. STATION .- JESUS WIRD AN KREUZ GENAGELT

V: Herr Jesus Christus, wir preisen Dich und loben Dich.
A: Denn Durch Dein heiliges Kreuz hast Du die Welt erlöst.

Lektor: Von weitem hörten wir Hammerschläge und fürchterlichen Schmerzens-schreie von den drei Verurteilten. Meine Begleiter wurden blass, alle drei hoben instinktiv die Hände hoch, um sich die Ohren zu bedecken. Sie konnten die Schmerzensschreie nicht mehr ertragen.

Ich hielt meine Hände an meine Brust gepresst. Ich hörte jeden Hammerschlag ganz genau und als ob die Nägel sich in meine Hände und in meine Füße bohren würden. Mein Schmerz sollte Linderung bringen an seinem Schmerz.

STILLE

V: Herr Jesus Christus wir bitten Dich.
A: Erbarme Dich über uns und über die ganze Welt.

25

12.STATION.- JESUS STIRBT AM KREUZ

Herr Jesus Christus, wir preisen Dich und loben Dich.
Denn Durch Dein heiliges Kreuz hast Du die Welt erlöst.

Lektor: Das Kreuz Jesu hatte man in die Mitte gestellt. Dort war er nackt und fest ans Kreuz genagelt, mit Dornen gekrönt. Ein Bild des Schmerzens.

„Vater, sagte Er jetzt, vergibt Ihnen, denn sie wissen nicht, was sie tun".

Wir vier konnten jetzt direkt unter das Kreuz von Jesus kommen, und dort ausharren. Wir hörten ihn sagen: „Mich dürstet". Ein Soldat nahm einen Ysopzweig, steckte einen schmutzigen Schwamm auf die Spitze, tauchte den Schwamm in einen Topf mit Essig und das gab er meinem Sohn als Getränk.. Jesus kostete ein bisschen davon und sagte nun mit schwacher Stimme: „Es ist vollbracht".

Dann trafen seine Augen die meine. Was konnte ich in diesem Blick lesen? Seine ganze Liebe. Ich tauchte in seine Augen wie in ein tiefes Meer und konnte mich nicht satt sehen.

Von weitem hörte ich ihn sagen: "Frau, siehe Deinen Sohn!" Und er zeigte auf Johannes. Und dann auf Johannes sagte er: „Siehe, Deine Mutter" und zeigte auf mich. Wie viel Zärtlichkeit in diesen Worten. Johannes und ich wurden ab jetzt für immer in der Liebe Jesu gebunden bleiben. Ich war noch in seinem Blick versunken, als ich seine Stimme, diesmal ziemlich laut, vernahm:

„Vater, Vater, warum hast Du mich verlassen?"

Diese Worte verrieten wie groß sein Leiden gewesen war, wie allein und verlassen hatte er sich gefühlt. Ich wollte Ihn trösten. Ihm sagen, dass sein Vater auch dort war, dass ich Ihn mehr als einmal auf dem Kreuzweg gespürt hatte. Aber ich konnte keine Worte finden. Ich war stumm. Unfähig Ihn zu trösten.
Kurz darauf, hörte ich Ihn flüsternd sagen: „Vater, in Deinen Händen lege ich meinen Geist". Er neigte seinen Kopf und gab seinen Geist auf.

V: Wir bleiben einige Minuten in der Stille mit Maria

V: Herr Jesus Christus wir bitten Dich.

A: Erbarme Dich über uns und über die ganze Welt.

13. STATION: JESUS WIRD VON KREUZ ABGENOMMEN UND IN DEN SCHOß SEINER MUTTER GELEGT.

Herr Jesus Christus, wir preisen Dich und loben Dich.
Denn Durch Dein heiliges Kreuz hast Du die Welt erlöst.

Lektor. Sie haben meinen Jesus auf meinen Schoß gelegt.

Endlich konnte ich ihn berühren. Seine Stirn, von Dornen verkratzt und verwundet, seine Augen, jetzt geschlossen, die für mich das Licht der Welt waren, küssen, seine Wangen streicheln. Ich legte seine Hände über seine Brust. Ich nahm ihm die Dornenkrone ab. Nikodemus brachte mir ein paar saubere Tücher, die im Duftenden Öle getränkt waren, und so fing ich mit der Säuberung seines Gesichtes an. Allmählich verschwanden die Krusten aus Blut, Erde und Schweiß und sein Gesicht strahlte Licht aus. Ich konnte nur sein Gesicht säubern, den Rest wollten wir am Sonntag machen. Jetzt war es Eile geboten.

Die Männer breiteten ein Grabtuch auf der Erde aus und darauf wurde der Körper meines

Sohnes, meines Gottes, gelegt. Und auf einmal war er nicht mehr zu sehen. Was für ein Schmerz!

V: Wir denken hier an allen unseren Verstorbenen, an die Verstorbenen unserer Pfarrfamilie, an den Schmerz ihrer Angehörigen. Maria hat das alles für uns und mit uns durchlitten.

V: Herr Jesus Christus wir bitten Dich.
A: Erbarme Dich über uns und über die ganze Welt.

14. STATION:- DER HEILIGE LEICHNAM JESU WIRD IN DAS GRAB GELEGT:

V: Herr Jesus Christus, wir preisen Dich u und loben Dich.
A: Denn Durch Dein heiliges Kreuz hast Du die Welt erlöst.

Lektor: Zu viert nahmen sie seinen Leichnam bis zum Grab, das in der Nähe des Platzes war. Sie legten ihn in das Grab. Danach schlossen sie den Eingang mit einem schweren runden Stein. Es war vollbracht.

V: Herr Jesus Christus wir bitten Dich.
A: Erbarme Dich über uns und über die ganze Welt.

15. STATION .- DIE AUFERSTEHUNG JESU.

V: Herr Jesus Christus, wir preisen Dich u und loben Dich.
A: Denn Durch Dein heiliges Kreuz hast Du die Welt erlöst.

Lektor. Die ersten Sonnenstrahlen erleuchteten den Morgen des Sonntags. Ein kleiner Vogel, es war ein Rotkelchen, stellte sich auf meinen Fenstersims und sang aus voller Kehle. Sein Gesang war voll Freude. Sogleich wurde er von allen anderen Vögeln begleitet. Ich hörte diesen Vogelsgesang, sah aus dem Fenster, wie die Sonne sich in Rosafarbe gekleidet am Horizont erhob, sah den blauen Himmel und die Rosen im Garten, und alles erzählte von der Größe des Herrn. Die ganze Schöpfung erhob sich im Jubel und Freude.

Meine traurigen Gedanken waren auf einmal verschwunden. Er lebt!

V: Herr Jesus Christus wir bitten Dich.
A: Erbarme Dich über uns und über die ganze
Welt.

Heiliger Gott!
Heiliger starker Gott!
Heiliger unsterblicher Gott!
Hab Erbarmen mit uns und mit der ganzen
Welt

A:

Wir preisen deinen Tod,
wir glauben, dass Du lebst,
wir hoffen, dass Du kommst
zum Heil der Welt.

Komm, oh Herr!
Bleib bei uns,
Komm, oh Herr!
Leben der Welt.

IMPRESSUM.
Herstellung und Verlag:
BoD-Books on Demand, Norderstedt
ISBN 978-3-7322-406-23